AF248286

POURQUOI

L'ALGÉRIE,

A-T-ELLE ÉTÉ JUSQU'ICI

UN FARDEAU POUR LA FRANCE?

PAR M. A. LEDENTU.

Savoir conformer sa conduite au caractère
des hommes que l'on gouverne, est tout le
secret de la science administrative.

PARIS,

LIBRAIRIE DE G. A. DENTU,

PALAIS-ROYAL, GALERIE VITRÉE, 13.

1845.

Remporter continuellement des victoires et ne pas savoir en profiter, c'est creuser soi-même son tombeau.

Un gouvernement qui, toujours victorieux, ne peut pas dompter de misérables tribus, doit être taxé d'incapacité administrative.

Celui qui sème toujours et qui ne récolte jamais rien, est atteint de folie ou de stupidité.

En n'utilisant point le présent, vous dévorez l'avenir.

Les mêmes moyens employés dans des cas analogues ne peuvent donner que les mêmes résultats.

Celui-là est frappé de vertige, qui continue à parcourir une route, qui l'a déjà mené dans un abîme.

POURQUOI

L'ALGÉRIE

A-T-ELLE ÉTÉ JUSQU'ICI

UN FARDEAU POUR LA FRANCE?

Par M. A. LEDENTU.

> Quittez au plus tôt la voie qui vous a
> ramené à votre point de départ ; car,
> en la parcourant de nouveau, vous
> reviendrez toujours au même endroit.

L'Algérie tire son nom de la capitale de cet ancien royaume. Elle faisait primitivement partie des états barbaresques.

N'allez pas vous imaginer que les habitants de cette contrée méritent tout à fait la mauvaise réputation que semble leur valoir ce dernier mot. En effet, leurs usages, leurs mœurs, leurs sciences et leurs arts, sont loin, à la vérité, de répondre aux nôtres ; mais aussi n'oubliez pas que leurs aïeux ont été les maîtres de nos grands parents.

Sans les Arabes, l'Europe restait plongée dans la plus crasse ignorance, et elle n'est sortie des ténè-

bres qu'au moment où ces barbares l'ont envahie.
Qui sait si, dans un temps plus ou moins éloigné,
leurs descendants ne viendront pas encore donner
des leçons à nos neveux? Les citoyens d'Athènes
n'ont-ils pas aussi traité avec dédain les peuples de
leur voisinage? Eh! qu'est devenue cette superbe
ville?

Les Algériens ont des qualités qui peuvent rache-
ter quelques défauts que nous nous croyons en droit
de leur reprocher, et, s'ils ne nous reçoivent point
à bras ouverts, devons-nous raisonnablement nous
en plaindre? Que diriez-vous d'un Français qui se
regimberait contre les Anglais, en supposant qu'ils
se seraient emparés de notre pays? Pour vous, ce
serait un bon patriote, mais pour l'enfant de la
Grande-Bretagne, ce serait un rebelle.

Les habitants de la régence sont économes, sim-
ples, tempérants. Si vous objectez que le vol et la
perfidie leur sont familiers, ne pourrons-nous pas
vous répondre que le premier vient de la misère
dans laquelle les Turcs tenaient plongés les Maures,
les Arabes et les Juifs de ce pays? Si vous dites que
les Turcs eux-mêmes ne sont pas exempts du même
reproche, nous vous répliquerons qu'il serait vraiment merveilleux de les trouver honnêtes gens;
car tout le monde sait que ceux qui se rendaient en

Algérie sortaient de la lie du peuple, et que, s'ils n'eussent pas été sous le coup de la justice, ils ne se seraient pas expatriés.

Quant à la perfidie que vous voudriez faire valoir contre les Algériens, ne serait-il pas possible de vous réduire au silence en alléguant qu'il n'est pas de royaume sur la terre où ce défaut ne soit très-commun. On le désigne peut-être sous une autre dénomination; mais, peu importe le nom, l'effet sera toujours le même. Il est constant que les Européens ont plus de raffinements dans leurs rapports; mais, en dépit de leurs belles manières et de leurs douces paroles, ils ne se proposent pas moins de vivre aux dépens de ceux qu'ils ont l'air de câliner.

Serez-vous moins dupe de votre tailleur qui, vous donnant un habit de mauvaise qualité, vous assurerait avec un ton patelin qu'il vous serait impossible de vous en procurer de meilleure?

La même réflexion peut être faite pour la plupart des positions.

Eh! puis, ne comptez-vous pour rien l'aversion que nous devons inspirer à un peuple fier que nos armes viennent de soumettre? En s'emparant de la régence, les Turcs n'ont pas été mieux traités; mais convaincus qu'ils ne dompteraient les Algériens que par la terreur, ils ont agi de manière à leur inspirer ce sentiment. Si nous n'avions point opéré notre débarquement en 1830, il est très-probable qu'ils seraient encore les dominateurs de cette nation.

On pense généralement que l'expression *barbaresque* vient de ce que les Romains appelaient *barbares* les peuples qui avaient des coutumes différentes des leurs.

Ne me proposant point de faire connaître la géographie de ce royaume, je renverrai le lecteur à des traités spéciaux pour obtenir sous ce rapport tous les détails dont il pourrait avoir besoin.

Vous savez que ce territoire a été occupé par les Romains, les Vandales, les Grecs, les Espagnols et les Turcs. On suppose même que Carthage se trouvait dans cette partie de l'Afrique.

Au reste, peu nous importe son origine et ses révolutions. Prenons l'Algérie telle qu'elle est, et voyons ce que nous pourrons en faire.

Ne perdons pas de vue que les indigènes nous détesteront longtemps, attendu qu'ils nous regarderont toujours comme des usurpateurs.

Ne mettez pas non plus en oubli que la population étant formée par l'agglomération de différents peuples, il n'y aura, en aucune circonstance, accord parfait entre eux (Maures, Arabes, Juifs, Turcs).

Rappelez-vous sans cesse que quinze mille de ces

derniers ont suffi pendant bien des années pour tenir la régence sous le joug. Cette connaissance ne
nous sera pas inutile plus tard.

Bien administrée, cette terre pourrait jusqu'à un
certain point remplacer nos autres colonies. En
effet, la plupart des plantes exotiques peuvent s'y
naturaliser facilement, et le peu de distance qui la
sépare de la métropole en quintuple la valeur. En
outre, les deux ports de Mers-el-Kébir et d'Alger
pourraient être des refuges bien précieux dans tous
les temps.

Chaque jour on parle de la prépondérance des
Anglais, sur la plupart des mers de notre globe.
Cette assertion n'est peut-être pas sans fondement,
parce que notre rivale possède des endroits de relâ-
che sur tous les points de la terre. Mais, si nous lui
laissons le sceptre de la Méditerranée, elle ne le
devra qu'à notre incurie, car, le port d'Alger une
fois terminé, nous aurions sur nos voisins d'outre-
mer un grand avantage.

Si vous jetez les yeux sur une mappemonde, vous
apercevez Toulon presqu'en face d'Alger. Ces deux
ports, bien approvisionnés, pourraient en peu de
temps mettre à l'eau une flotte nombreuse. Si des
voiles ennemies bloquaient un de ces ports, le vent
favorisant la sortie des bâtiments qui se trouveraient

dans l'autre, permettrait de prendre entre deux feux l'escadre du blocus. De sorte que celle-ci serait ou battue, ou forcée de se retirer.

Mais avant de parler de flotte, il faut avoir un endroit pour construire ou recevoir des vaisseaux, des frégates, des bateaux à vapeur, etc., et l'Angleterre nous aurait encore écrasés avant que le port d'Alger ne soit même achevé.

Pourquoi, vous crierai-je sans cesse, attendre le besoin pour faire ses préparatifs? Depuis dix ans, au moins, vous auriez pu vous occuper *sérieusement* de ce dernier port. Si vous l'aviez réellement voulu, vous seriez maintenant en mesure de parer à tout événement. L'Etat, qui ne végète qu'au jour le jour, n'est pas viable, car, pris le lendemain au dépourvu, il ne peut faire face à toutes les exigences. Vulnérable de tous côtés, il est bientôt réduit à se livrer lui-même sans condition.

Pour économiser quelques millions par an, nous resterons éternellement à la merci de l'Angleterre, tandis que nous dépensons des sommes considérables pour nous mettre à l'abri des attaques des puissances du continent.

Le passé nous démontre pourtant qu'elles n'auront jamais de prise sur nous, tant qu'elles seront isolées des Anglais. Aussi un gouvernement prévoyant devrait-il prendre toutes les précautions pour imposer à ces fiers enfants d'Albion (1).

Je ne sais qui a dit : *non-seulement la patrie doit être heureuse, mais aussi il faut qu'elle soit glorieuse.*

Maintenant abordons directement notre sujet.

Tout le monde connaît la première cause de la chute du dernier dey, qui, en 1830, tenait la régence sous sa domination. Nos soldats de cette époque ont prouvé qu'ils étaient bien les descendants de nos vieux républicains, et qu'ils auraient pu rivaliser avec les troupes de Napoléon, s'ils s'étaient trouvés sur les mêmes champs de bataille.

Leurs successeurs n'ont pas eu moins de bravoure et de dévouement ; pourquoi donc n'avons-nous pas obtenu plus d'avantages ? C'est qu'il ne suffit point d'avoir à sa disposition des militaires pleins de courage, mais il faut encore savoir utiliser le terrain dont on s'est emparé. *Hic est opus.*

Puisque nous sommes restés en quelque sorte stationnaires pendant quatorze ans, serait-il bien déraisonnable de croire qu'il existe des obstacles que le public ne connaît pas ?

(1) Si la guerre venait à éclater entre la France et la Grande-Bretagne, pensez-vous qu'il ne serait pas très avantageux pour notre nation d'avoir dans nos ports de la Méditerranée un nombre suffisant de vaisseaux afin de pouvoir intercepter, à l'improviste, les bâtiments marchands de nos ennemis ?

Je ne puis supposer fondées les allégations de plusieurs journaux, qui ont prétendu que l'Angleterre avait *exigé* de notre gouvernement qu'il ne *coloniserait* point un pays que nos armées avaient si légitimement conquis.

Comme ce motif serait pour nous trop pénible, j'aime mieux croire qu'on l'a gratuitement prêté à nos hommes d'État, que de hasarder quelques réflexions, qui, en pareille occurrence, ne pourraient être que désagréables.

Il m'en coûtera bien moins d'accuser d'impéritie nos ministres, que d'admettre en cette circonstance une aveugle soumission de la part de notre gouvernement aux volontés de nos voisins d'outre-Manche. Il est impossible, en effet, de supposer que la France ne puisse marcher désormais qu'avec le bon plaisir de l'Angleterre. Ne sait-elle pas que si nous sommes tombés à ses pieds, elle ne l'a dû qu'à un petit nombre de mauvais Français, qui, ne consultant que leur intérêt et n'écoutant que les conseils de leur amour-propre froissé, n'ont pas rougi de sacrifier leur patrie à de pareilles misères?

Si, dans ces jours de douloureux souvenir, nous avons eu le chagrin de voir des compatriotes immoler leur pays de leurs propres mains, c'est à nous de prendre des mesures efficaces pour empêcher

leurs semblables de renouveler de pareils atten-
tats. Un peuple qui ne surveille point continuellement ses agents est digne de tomber dans les fers.

Il me semble avoir vu, lors de la discussion de
notre budget, que les Chambres votent, par an, plus
de cent millions pour notre colonie d'Afrique, et que
celle-ci ne rapporte qu'une somme minime en com-
paraison des dépenses que nous faisons annuellement pour elle.

Je conçois que, dans les trois ou quatre premières
années d'occupation, nous n'ayons rien eu à recueil-
lir sur cette plage ; mais depuis dix ans nous de-
vrions avoir pris des précautions pour que cette conquête nous dédommageât actuellement des énormes
charges que la France s'est imposée pour la civiliser.

Je pense que tout le monde est d'accord sur les
avantages que, par sa position, sa température , sa
fertilité, ses produits, et même sa population (1), la
conquête de Bourmont peut procurer à notre pays.

Mais il ne suffit pas de savoir qu'une possession
peut être très-avantageuse. Il faut, autant que la
chose est possible, en tirer parti dans le plus court
délai. *Fugit irreparabile tempus.*

(1) Les uns portent la population de l'Algérie à deux millions d'habitants, les autres à trois millions cinq cent mille. M. le maréchal
Bugeaud pense qu'elle est de cinq millions.

Pourquoi donc, après quatorze ans, ne sommes-nous pas plus avancés?

Ne venez pas me dire que vous avez été toujours occupés à batailler depuis que vous avez mis le pied sur le sol Africain ; car je vous répondrais que vous aviez entre les mains tous les éléments pour pulvériser en deux campagnes le chef, qui vous a donné tant de tourments.

Je ne vous dissimulerai pas que, pour moi, Abd-el-Kader est un homme d'une trempe supérieure ; car, pour tenir, avec une *poignée* de soldats, notre patrie en échec pendant quatorze ans, il faut que ce soit un héros, ou que nous ne soyons que de véritables pygmées.

En effet, la population ne s'élève pas, je pense, à quatre millions d'habitants. Sur ce nombre, beaucoup d'indigènes nous restant fidèles, il s'ensuit que les troupes de l'émir n'ont pu être bien considérables. Mais je vous vois déjà venir avec un argument que vous regardez sans réplique, c'est celui-ci : les soldats d'Abd-el-Kader sont acclimatés et connaissent jusqu'au plus petit sentier, tandis que les nôtres n'ont que leur courage.

Il ne me sera pas bien difficile de trouver une réponse à votre objection.

Comme vous, nous croyons que les regnicoles

ont beaucoup d'avantages sur les étrangers ; mais jusqu'ici nous n'avons pas vu les maladies décimer notre armée. L'eussent-elles fait, nous vous dirions encore qu'en vous adressant à des hommes de l'art, vous auriez facilement trouvé les moyens de vous soustraire a cet inconvénient.

Quant à la connaissance des lieux, vous devriez être à même d'en remontrer aux indigènes. Comment ! vous habitez depuis quatorze ans un territoire assez borné, et vous ne le connaissez pas ! A quoi donc passez-vous le temps ? Car enfin, vos promenades militaires ne vous occupent plus exclusivement depuis bien des années, et même, dans ces promenades, n'avez-vous pas aussi l'occasion de prendre connaissance du terrain ? Je m'aperçois maintenant que nous vous avions prêté une objection qui n'avait aucun fondement. C'était sans doute celle-ci que vous vouliez nous faire : l'Arabe est naturellement perfide. Quand nous venons de le battre, il se jette à nos genoux en nous suppliant de lui pardonner, et en nous promettant que nous n'aurons jamais de meilleur ami.

Alors je vous répliquerai que vous poussez trop loin la charité évangélique ; car, en vous confiant le soin de nos affaires, nous désirions que vous prissiez toutes les mesures nécessaires pour dompter au plus tôt les rebelles. Nous ne pouvions prévoir que le rôle de ministres débonnaires eût eu pour vous tant de charmes. En voulant gagner le ciel, vous nous jetez dans une fausse route, qui nous conduira dans un précipice si le Tout-Puissant ne fait un miracle en notre faveur.

Nous voudrions, par exemple, qu'au lieu de pardonner *chaque* fois que les Algériens manqueraient à leurs engagements, vous leur infligiez un châtiment sévère.

S'ils se permettaient de se soulever une seconde fois, vous vous feriez remettre de nombreux otages; et s'ils abusaient de votre longanimité, vous transplanteriez chaque peuplade dans les tribus éloignées, mais de manière que la distance, qui se trouverait entre chacune d'elles, les mît dans l'impossibilité de se réunir.

Je vous entends déjà vous récrier contre les difficultés qu'on éprouverait dans l'exécution de nos conseils. En les aplanissant, nous désirons vivement que vous les trouviez praticables. Toujours est-il que vous ne perdrez pas en en faisant l'essai, tandis que vous vous fourvoirez de plus en plus en continuant une marche qui, après un si grand nombre d'années, ne vous procure aucun avantage dont vous puissiez être satisfaits. Comme je suis convaincu qu'on ne saurait trop insister sur des faits qui peuvent se renouveler chaque jour, je ne craindrai pas de fatiguer le lecteur en revenant encore sur une de nos hypothèses.

Vous avez soumis, je suppose, une tribu plus ou moins nombreuse, qui venait de se révolter. Vous lui imposez une lourde contribution en argent ou en denrées, selon les circonstances. Vous apprenez, au bout d'un temps plus ou moins long, que, peu reconnaissante de votre indulgence, elle vient de lever de nouveau l'étendard de la révolte. Si, après l'avoir amenée à composition, vous vous contentez du moyen que vous avez déjà employé, elle guettera toujours le moment où vous serez occupés ailleurs pour tenter de se soustraire à votre domination. En effet, pourquoi voulez-vous que la seconde punition l'amende plutôt que la première, qui était absolument de la même espèce ?

Les peines doivent, dans toutes les occasions, être graduées sur les antécédents d'un coupable. Si le premier châtiment ne l'a point corrigé, tentez une autre voie, car vous n'avez aucun motif pour croire que vous serez plus heureux la seconde fois que la première.

Si vous continuiez à attacher un chien hargneux à une corde qu'il avait déjà rompue précédemment, vous seriez bien blàmables de ne pas en changer ou de ne pas la remplacer par une chaîne.

Eh bien ! quand des hommes ne se corrigent point après avoir reçu telle punition, il est tout à fait déraisonnable de ne pas en modifier la nature.

A la contribution forcée, nous vous avons laissé pressentir que nous ajouterions une peine plus sévère, c'est celle-ci : nous nous ferions remettre, à la seconde révolte, un nombre d'otages proportionné à la population rebelle.

Mais vous demanderez peut-être à quoi ces otages pourraient vous servir ? Ne vous imaginez pas que je veuille augmenter vos charges qui sont déjà si lourdes pour la plupart des contribuables. Au contraire, mon unique but, en vous donnant ce conseil, est d'alléger considérablement le budget de l'Algérie.

En effet, que désirez-vous en exigeant des otages ? Ce n'est pas assurément de tourmenter quelques centaines de Turcs, d'Arabes, de Maures ou de Juifs. Vous vous proposez surtout de pouvoir utiliser, dans le plus bref délai, la nouvelle possession que nos soldats vous ont remise. Eh bien! en prenant ces otages parmi les familles les plus puissantes, vous n'aurez plus rien à redouter de chaque tribu, car ce sont toujours les riches qui donnent l'élan, en pareille occurrence, à la masse de la population.

Je vous vois déjà un peu rassurés sous ce rapport; mais ce n'est pas suffisant, il faut que non-seulement ces hommes ne vous coûtent rien, mais encore il est de toute nécessité qu'ils ne se trouvent pas aussi confortablement que chez leurs parents.

Le meilleur moyen est de les astreindre aux travaux des champs, afin qu'en entretenant leur santé par l'exercice, ils puissent aussi vous dédommager des dépenses que leur présence vous occasionne.

N'allez pas vous récrier contre ces travaux; car, enfin, que voulez-vous? Soumettre vos ennemis, n'est-ce pas? Si vous les choyez, ils seront loin de recevoir une punition, et vous manquerez votre but. De retour chez eux, ne diraient-ils pas, en effet, que, pendant leur absence, ils n'ont eu à regretter que les attentions de leurs proches.

Les riches de chaque tribu, craignant pour leurs enfants, donneront l'exemple de la soumission, et le reste des indigènes ne songera même pas à recouvrer son ancienne nationalité.

Si ces deux châtiments ne suffisaient point, oh! alors, plus de commisération; car, autant il est raisonnable d'user d'indulgence pour une première faute, autant il est impolitique de ne pas déployer de rigueur, quand un vaincu oublie trois fois qu'il vous doit la liberté ou même la vie. L'impunité provoque très-fréquemment l'insubordination.

Divisez en vingt groupes le nombre des habitants de la tribu récalcitrante ; répartissez-les désarmés, et sous bonne escorte, dans des tribus éloignées. Cette fusion ne leur permettra plus de s'entendre, et leur présence parmi leurs coreligionnaires sera un exemple vivant de votre justice. En outre, on rendrait ceux-ci responsables de la conduite de leurs nouveaux hôtes.

En mettant en pratique les idées que nous venons d'émettre, il pourrait en coûter à votre caractère essentiellement indulgent, mais ne perdez pas de vue que, si vous tenez à gagner le Paradis, nous, hommes de ce monde, nous souhaitons avant tout que notre pays ne s'épuise point éternellement sans aucune compensation.

Il serait, ce me semble, bien superflu de vouloir prouver que, depuis quatorze années que nous sommes maîtres du territoire Algérien, nous avons perdu dix ans, au moins. Je pense que personne n'oserait soutenir le contraire. Mais je suis encore obligé de confesser qu'à la perte de temps il faut aussi ajouter une centaine de millions de francs, *bon an, mal an.*

Si nous n'avons pas oublié complétement notre

arithmétique, cent millions répétés dix fois donnent la bagatelle d'un milliard (1).

Si vous voulez bien vous rappeler que l'empereur ne demandait à notre pays que 800 millions pour soutenir la guerre contre l'Europe entière, et faire face à tous les besoins administratifs, vous ne serez pas surpris de notre ébahissement quand nous voyons un milliard dépensé sans avoir pu obtenir aucun résultat.

Ne venez pas nous parler de votre récente pacification. En effet, comment voulez-vous que nous y croyions sérieusement, quand nous lisons presque tous les jours que les tribus n'attendent que l'occasion pour se soulever de nouveau ?

Vous n'êtes pas non plus aussi rassurés que vous voudriez le faire paraître, puisque vous laissez dans la régence le même nombre de soldats que par le passé. Ne savons-nous pas aussi que vous ne vous occupez point d'une manière sérieuse de coloniser ce pays? A quoi vous servirait alors une paix, qui exigerait une armée aussi considérable que si nous étions en guerre, et qui n'offrirait pas plus de sécurité à nos colons, que s'ils entendaient de tous côtés les fusillades des Bédouins?

---

(1) Il paraît qu'en 1840 les recettes étaient de quatre millions. Cette année elles ont rapporté, d'après le duc d'Isly, vingt millions.

Mais je vous aperçois déjà vous redresser avec un sourire de pitié, et nous dire : Comment, vous ne comprenez pas qu'en agissant de la sorte nous ne faisons que suivre les règles de la prudence ? Car, il est à peu près certain que, si les indigènes se croyaient les plus forts, ils nous attaqueraient incontinent.

Permettez-nous de vous faire observer qu'il est inouï de voir la paix exiger les mêmes précautions et les mêmes dépenses que la guerre la plus acharnée. Or, si vous continuez à nous demander le même nombre d'hommes et les mêmes sacrifices pécuniaires, nous concluerons tout bonnement que l'Algérie n'est pas pacifiée, puisque, de votre propre aveu, vous redoutez son réveil à chaque instant.

Si vous êtes de bonne foi, vous avouerez que, dans votre administration, il y a quelques rouages qui ont empêché votre machine de fonctionner dans l'intérêt général.

Si vous convenez de vos torts, nous nous montrerons très-indulgents, à condition, toutefois, que vous changerez de conduite au plus tôt ; car vous savez que tout homme qui reste sciemment dans l'erreur est bien blâmable. Comme nous aimons à croire que nos gouvernants ne sont dirigés que par les meilleures intentions, ils s'empresseront, sans aucun doute, de modifier leur allure si nous sommes assez heureux pour leur prouver qu'une autre direction serait plus avantageuse pour nos compatriotes.

Vous répéterai-je que la plupart des Français pensent que vous occupez militairement l'ancien territoire du dey d'Alger, et non que vous avez la ferme résolution d'y former une colonie?

Mais vous pourriez leur prouver, budget en main, que leur assertion n'a aucun fondement, puisqu'il est constant, et je dois en faire l'aveu, que vous avez commencé *l'an dernier* à vous faire allouer par les chambres 700,000 fr., destinés *exclusivement* à la colonisation.

C'est vraisemblablement le succès que vous avez obtenu qui vous a décidés à réclamer une plus forte allocation, puisque, sur votre demande, les chambres ont voté dernièrement un million affecté au même objet.

Nous ne vous cacherons point nos regrets de n'avoir pas été importunés plus tôt sous ce rapport, car nous avons la conviction que, pour récolter, il faut semer préalablement.

Nous irons même beaucoup plus loin : nous ne vous dissimulerons pas que, d'ici longtemps, nous ne pourrons nous consoler de ne pas vous avoir trouvés plus exigeants à cet égard, car nous sommes persuadés qu'en ménageant mal à propos notre bourse vous nous avez fait perdre au moins dix ans, perte que nous ne pourrons jamais réparer.

En outre, vous nous permettrez de vous demander si un million par an peut vous mettre à même de tirer tout le parti possible de votre possession d'Afrique?

Nous ne le croyons point. Et, comme nous ne voulons pas supposer que vous ayez quelque arrière-pensée, en vous contentant de faire jouer au soldat les quatre-vingt-dix mille hommes que nous mettons à votre disposition, vous ne trouverez pas mauvais que nous vous rappelions qu'une puissance comme la nôtre aurait dû terrasser Abd-el-Kader dès les premières campagnes.

Si vous eussiez eu besoin de cent cinquante mille hommes, nous aurions tout gagné en vous les accordant, car la dépense plus forte, à la vérité, pendant deux années, aurait été presque nulle les suivantes, et nous aurions eu l'immense avantage de pouvoir utiliser notre conquête, attendu que la soumission des tribus nous aurait dispensés d'entretenir une armée aussi nombreuse.

Trente ou quarante mille soldats auraient suffi pour surveiller les indigènes, et nous aurions eu, en dépensant seulement quatre ou cinq millions chaque année pour la colonisation, la possibilité d'attirer dans ce pays beaucoup de Français et d'étrangers, qui auraient fini par s'implanter en Afrique, en y appelant un grand nombre des leurs.

Si vous aviez précédemment cultivé un terrain, qui n'attend que des bras pour payer outre mesure l'intérêt des semences qu'on lui confierait, la colonie serait maintenant très-prospère, et commencerait peut-être à vous rembourser les grosses avances que vous lui avez faites si généreusement.

En admettant que, par des circonstances qu'il n'est pas donné aux profanes de connaître, vous n'avez pu soumettre plus tôt la population algérienne, nous vous demanderons encore, pourquoi n'avez-vous point tiré un meilleur parti de la présence de nos troupes sur cette plage ?

Les Romains ne se contentaient pas d'envoyer des soldats pour s'emparer d'une contrée. Ils les employaient aux travaux publics, et les forçaient d'ensemencer le terrain pour y trouver leur subsistance.

Pourquoi ne profitez-vous pas de l'exemple d'un peuple qui a été le maître du monde ?

La moitié de l'année, vos militaires ne sont occupés qu'à parader. En ne faisant passer en Algérie que des troupes qui auraient été déjà exercées deux ans dans le midi de la France, vous auriez des soldats qui, à la connaissance du métier, joindraient aussi l'habitude du séjour dans un pays où la température est élevée. Partant, ils n'auraient pas besoin de faire aussi souvent l'exercice, et seraient dans les meilleures conditions pour supporter impunément la température africaine.

Pensez-vous que vous ne pourriez pas forcer chaque soldat à travailler deux jours la semaine au défrichement d'un ou de plusieurs ares de terre ? Vous lui feriez une légère gratification dans ses jours de travail, et lui laissant, son temps de service expiré, la possession d'une certaine étendue de terrain, afin qu'il pût vivre dans l'aisance en élevant une famille, il se fixerait définitivement sur une plage, qui lui offrirait plus de ressources qu'aucun autre pays. Il y attirerait aussi ses frères et sœurs qui, se mariant, augmenteraient peu à peu la population.

Vous auriez, en outre, pour colons, de vieux militaires, depuis longtemps acclimatés, et qui seraient capables de vous donner un coup de main, si les tribus du voisinage se permettaient de se réveiller.

La France a toujours tendu les bras aux infortunés que le vent pestilentiel des dissensions politiques a chassés de leur pays.

Je conçois que, dans la première année, vous leur

allouiez une somme suffisante pour faire face à leurs besoins; mais il est absurde de ne pas les déterminer, dans leur propre intérêt, à chercher en Algérie les moyens de se procurer le nécessaire.

Vous avez fait tout ce que l'humanité réclamait de vous, en donnant gratuitement l'hospitalité, pendant un an, aux personnes qui ne trouvent plus d'abri sous le ciel de leur patrie.

Mais si le pays sanctionne votre générosité, il n'entend pas travailler pour nourrir inutilement des gens, qui pourraient nous dédommager de nos premières avances. En effet, il serait déraisonnable d'engraisser à ne rien faire, des étrangers, lorsque nous forçons nos compatriotes à travailler du matin au soir pour pouvoir seulement obtenir ce qu'exige l'entretien et l'éducation de leurs enfants.

Ces étrangers, prenant peu à peu goût à la culture, oublieraient bientôt leurs malheurs, et adopteraient une nouvelle patrie, qui leur offrirait plus de douceurs que leur pays natal.

Dans plusieurs États d'Allemagne, il se forme chaque année des émigrations considérables, qui, traversant les mers, vont fixer leurs pénates dans un autre hémisphère. Serait-il bien difficile de les déterminer à s'établir dans notre nouvelle colonie?

Présentez-leur le bien-être en perspective : facili-

tez leur établissement, en leur faisant des avances,
à condition que chaque année ils vous remettraient
une somme, qui serait d'autant plus forte, qu'il y
aurait plus de temps qu'ils cultiveraient le terrain
que vous leur auriez assigné.

En un mot, appelez chez vous toutes les personnes qui, pleines de bonne volonté, ne trouvent pas
chez elle la possibilité de vivre dans l'aisance. Vous
ne tarderez pas alors à voir la population augmenter d'une manière prodigieuse, et la métropole
n'aura plus de dépenses majeures à faire, annuellement, pour la garde du territoire algérien.

Je vous entends déjà crier qu'il faudrait des
sommes considérables pour réaliser mes rêveries.

Je croyais vous avoir démontré que les indigènes,
une fois soumis, vous n'aviez plus que de la surveillance à exercer. Celle-ci n'exigerait pas plus de
quarante mille hommes : je porterai même le chiffre
à cinquante mille, il s'ensuivra toujours que l'éco-
nomie obtenue par la retraite de quarante autres
mille soldats mettrait annuellement à votre disposition bon nombre de millions. En en prélevant
seulement quatre ou cinq pendant six ou sept années,
vous pourriez faire de votre colonie une des plus
florissantes du globe.

Veuillez bien vous rappeler que quinze ou vingt

mille Turcs suffisaient au dey d'Alger pour tenir la régence sous sa domination.

Si, avec un si petit nombre de soldats, le chef que vous avez supplanté, a su affermir sa puissance, comment expliquer que, pour contenir les mêmes tribus, vous ayez besoin de quatre-vingt-dix mille hommes ?

Les Français seraient-ils moins braves que les sectateurs du Coran ? On ne peut guère le supposer.

Quelle est donc la cause qui vous empêche de retirer plus de bénéfices d'une aussi bonne position ? nous ne devons nous en prendre qu'à votre conduite pusillanime, qui encourage les habitants de cette contrée à se soulever à chaque instant.

Les Turcs avaient su inspirer une telle terreur aux Maures, aux Arabes et aux Juifs de ce pays, qu'un seul faisait trembler deux cents de ces peuples vaincus.

Un des rois de Maroc ayant insulté plusieurs fois les Algériens, ceux-ci lui déclarèrent la guerre. Leur dey, se mettant en campagne seulement avec six mille Turcs et quatre mille Maures, rencontra l'ennemi.

Après un engagement de peu de durée, les Marocains, bien que plus nombreux, puisqu'ils étaient cinquante mille, furent entièrement défaits, et demandèrent très-humblement la paix.

Le Maroc n'étant peuplé en général que par des Maures, ce résultat n'est nullement surprenant, puisque le nom seul des Turcs leur donne le frisson. Mais vous, philanthropes de haute volée, vous aimez bien mieux appeler sur votre nom la bénédiction des tribus de l'Algérie, que de suivre l'exemple donné par un peuple barbare.

Vous raconterai-je encore que, vers la même époque, le bey de Tunis ayant maltraité les Turcs, qui se trouvaient dans ses États, le dey d'Alger prenant en main la défense de ses compatriotes, n'hésita point à attaquer, avec trois mille cinq cents Turcs et quinze cents Maures, son redoutable voisin, qui se présentait suivi de vingt mille hommes bien armés et secondés par dix-huit pièces de canon ?

Le bey s'imaginait qu'avec l'assistance des Maures, qui étaient si nombreux dans la régence, il pourrait facilement expulser les Turcs de cette contrée. Mais ses troupes furent battues à plate couture : ses canons et ses tentes tombèrent aussi au pouvoir de son adversaire.

Le vainqueur, *profitant* de sa victoire, poursuivit le bey de Tunis jusque dans sa capitale, dont il s'empara sans beaucoup de difficultés. Non content de la livrer au pillage, il nomma un autre chef, et revint à Alger, chargé d'un butin immense.

Je ne vous ennuierai point par le récit d'un grand nombre de faits authentiques, qui prouvent jusqu'à l'évidence, qu'une *poignée* de Turcs a su, à toutes les époques, battre ou tenir en respect des milliers de Maures.

Je n'ai voulu que vous faire voir que ces derniers, n'étant pas arrivés à votre hauteur, ils ne vous comprendront pas d'ici longtemps, et que, par conséquent, ils ne vous sauront aucun gré de votre mansuétude.

Au contraire, n'attribuant vos hésitations qu'à la conscience que vous avez de votre infériorité, ils vous harcèleront tant qu'ils en trouveront l'occasion. Il faut, avec de pareils gens, avoir recours à des moyens, qui parlent surtout aux yeux.

Si les Arabes étaient aussi civilisés que les peuples de l'Europe méridionale, il serait possible qu'ils appréciassent la générosité de votre conduite. Mais, tout gouvernement qui ne sait pas se mettre à la portée des nouveaux sujets que la Providence lui donne, ne pourra jamais faire prendre de longues racines à l'administration qu'il voudrait introduire dans un terrain réfractaire à sa semence.

L'indulgence hors de saison est un encourage-
ment à l'insubordination. En effet, si le bon sens
nous conseille de traiter avec égard un ennemi
vaincu, l'expérience nous prescrit aussi de faire sen-
tir notre puissance quand celui-ci abuse de nos dispositions débonnaires.

L'histoire de tous les peuples nous fournirait
des exemples pour étayer notre assertion. Nous
nous contenterons de rappeler à nos lecteurs que
l'empire romain n'a commencé à tomber en déca-
dence qu'au moment où les nations soumises ont
cru pouvoir lever impunément l'étendard de la révolte.

Peu à peu elles ont non-seulement secoué le joug
des Romains, mais elles sont même venues mettre
les menottes aux fiers sénateurs dans cette superbe
Rome qui, pendant si longtemps, n'avait parlé de
ces *barbares* qu'avec dédain.

Bien que notre position en Afrique n'ait pas beaucoup d'analogie avec l'ancienne capitale du monde
et ses voisins, l'exemple que nous venons de rappor-
ter peut néanmoins nous être utile, en ce sens, que
le cœur humain étant le même dans tous les pays;
les indigènes de notre nouvelle conquête épieront
toujours l'occasion de recouvrer leur nationalité.

Tant que nous vivrons en paix avec les peuples

de l'Europe, nous n'avons rien à craindre, à proprement parler, de la population algérienne. Mais que la guerre vienne à éclater demain, dans un an, nous serons peut-être expulsés du sol africain.

Le peuple qui ne vit qu'au jour le jour est déjà agonisant. Le présent même, dans bien des circonstances, doit être sacrifié à l'avenir. Quels amers reproches, nos neveux ne seraient-ils pas en droit de nous faire si, malheureusement, ces sinistres prévisions venaient à se réaliser !

Comment, diraient-ils, vous avez eu pendant quinze ans à votre disposition toutes les ressources de la France, et vous n'avez pu *soumettre* quelques misérables tribus que quinze ou vingt mille Turcs menaient en laisse !

Quand donc supposiez-vous avoir des chances plus heureuses ? Vous chassez le chef de ces tribus ; vous livrez continuellement, avec des succès éclatants, un grand nombre de combats, et plus vous êtes victorieux, moins votre domination a de stabilité !

Quelle peut être la cause d'un aussi triste résultat ? Vous ne seriez pas fondés à alléguer que vous n'aviez pas assez d'argent, car les chambres ont voté avec empressement toutes les sommes que vous leur avez demandées.

Ce n'est pas non plus le nombre des troupes qui peut être regardé comme insuffisant, puisqu'on vous a donné tous les bataillons que vous réclamiez.

Il ne faut donc s'en prendre qu'à votre mauvaise administration. Ne conviendrait-il pas alors de la modifier, car les mêmes moyens nous donneraient éternellement le même résultat.

Si vous reconnaissez que notre assertion a quelque fondement, hâtez-vous de nous faire oublier au plus tôt les nombreuses bévues qui nous ont déjà fait dépenser près de quinze cents millions, et qui ont couvert de deuil tant de familles.

Sachez bien que nous ne regretterions pas nos sacrifices si nous vous voyions poursuivre une route qui pourrait nous être avantageuse ; mais quand, dans la position que vous avez occupée pendant si longtemps, on ne sort pas du cercle que l'on a parcouru les premières années, on est en droit de désespérer de l'avenir.

De deux choses l'une : ou vous avez toujours eu l'intention de tirer tout le parti possible de l'Algérie, ou bien vous ne vouliez que vous venger du dey, qui nous avait insultés dans la personne d'un représentant de la France.

Dans le premier cas, vous avez jusqu'ici manqué

votre but, car notre position est presque la même sous plusieurs rapports que dans les premières années de notre occupation.

Dans la seconde hypothèse, vous deviez quitter le sol africain sitôt que le dey d'Alger a été mis hors d'état de vous nuire, attendu qu'en y restant un laps de temps aussi long, vous nous aurez occasionné une perte immense tant en hommes qu'en argent.

Vous ne pourriez pas non plus alléguer que vous craigniez d'alourdir encore nos charges que nous trouvons si pesantes; car, pour éviter une dépense de cinq à six millions par an, vous nous en consommez près de *soixante*, sans même avoir la perspective de jamais utiliser une terre qui, pourtant, n'attend que l'occasion pour produire abondamment.

Parce que vous avez fait percer quelques routes par vos soldats, vous vous imaginez peut-être que l'on doit vous comparer aux Romains.

Désabusez-vous encore. Quand ces maîtres du monde voulaient coloniser un pays qu'ils venaient de soumettre, ils commençaient par envoyer dans leur capitale *toutes* les personnes qui, par leurs talents ou par leur autorité, pouvaient avoir plus ou moins d'influence sur leurs nouveaux alliés ou sujets. Et, en effet, quelque courageux que soit un peuple, quand il ne sent pas à sa tête un homme capable de le diriger, il ne songe même pas que sa position est susceptible d'être améliorée.

Dans tous les temps, les hommes n'ont secoué leur apathie que quand un chef est venu diriger leurs coups contre ceux qu'ils regardaient comme des oppresseurs.

En vous conseillant de prendre des otages dans toutes les tribus révoltées, nous nous proposions d'abord de tenir en respect les puissants de chaque peuplade par la crainte de la punition que nous pourrions infliger à leurs enfants.

Nous voulions aussi les priver d'un moyen de ralliement, parce que nous étions convaincu que, dans beaucoup de circonstances, les jeunes gens moins réfléchis que ceux qui leur ont donné le jour, recherchent avec empressement l'occasion d'étaler leur courage.

Nous serons, direz-vous, toujours en mesure de les repousser. D'accord, maîtres ; mais tant qu'il vous faudra guerroyer, pas de colonisation. En effet, le meilleur appât pour attirer les étrangers est de leur faire voir qu'ils peuvent venir exercer paisiblement leur industrie dans la nouvelle localité que vous les invitez à adopter pour séjour.

Vous avez encore probablement une objection à m'adresser. Depuis bien des années, prétendez-vous, nous traquons Abd-el-Kader, et nous ne pouvons mettre la main dessus.

Il faut convenir que ce gaillard-là joue un jeu bien serré, puisqu'il a su vous échapper jusqu'à ce jour. Tout récemment, on vous blâmait de n'avoir point profité de la position de l'empereur de Maroc, pour exiger qu'il vous livrât votre ennemi ; mais vous trouvez sans doute plus chevaleresque de ne le prendre que sur un champ de bataille.

Si vous n'étiez pas dirigés par d'aussi nobles sentiments, nous invoquerions encore le souvenir des Romains. Ces superbes conquérants ne laissaient point leurs alliés en repos tant qu'ils n'avaient pas remis entre leurs mains le chef qui, dans son infortune, était venu leur demander l'hospitalité.

Mais Rome, avec son égoïsme, a dompté l'univers. Nous autres Français nous nous garderons bien de marcher sur de pareilles brisées. N'est-il pas, en résumé, plus beau de faire continuellement la guerre à ses dépens ? De cette manière, il est impossible de passer pour un peuple qui ne consulte que ses intérêts. Dans le siècle où nous sommes, ce mobile ne serait-il pas, en effet, le pire de tous ? Aussi, nous aimons beaucoup mieux dépenser sans aucune compensation, des sommes considérables, et faire tuer quelques milliers de nos jeunes gens, que de nous exposer à encourir un pareil reproche.

Votre magnanimité sert de jouet, même aux Arabes, diront certains rêveurs. Mais depuis quand comptons-nous pour quelque chose l'opinion d'un peuple barbare?

Si, ne comprenant point la générosité de nos procédés, il se moque sous cape de notre crédulité et de nos hésitations, c'est que la civilisation ne lui a pas encore appris ce raffinement de délicatesse, qui distingue les habitants de l'Europe.

Et puis, la France, sous la restauration comme depuis 1830, n'a-t-elle pas toujours été utile par pur désintéressement? La promenade d'Espagne, l'expédition d'Anvers et de Morée ne témoignent-elles pas en faveur de notre assertion?

Hélas! je suis bien forcé de faire l'aveu que notre pays s'est toujours laissé prendre par quelques mots ronflants. Je suis même tenté de croire que c'est une maladie endémique chez nous. Pourvu qu'on chatouille notre amour-propre avec plus ou moins d'adresse, on peut être sûr d'obtenir de nous toute espèce de concession. Malheureusement les autres puissances, n'oubliant pas notre endroit sensible, se rient de nos emportements, parce qu'elles savent que la cajolerie est le meilleur des baumes pour cicatriser chez les Français les plus sanglants outrages.

De ce qui précède, nous nous croyons en droit de conclure :

1° Que nous avons perdu en Algérie dix ans, au moins, et près d'un milliard (comme je ne veux pas que mon tableau effraye mes compatriotes, je me garderai bien de parler des hommes, qui ont trouvé la mort ou des infirmités dans ce pays);

2° Que le port d'Alger devrait être terminé, et pourvu de tous les approvisionnements que réclame son importante position;

3° Qu'il ne tiendrait qu'à nous de rendre considérable le nombre des colons;

4° Que cette nouvelle possession ne deviendra florissante que du jour où nous forcerons nos soldats à se procurer le nécessaire sur cette plage;

5° Que le dey d'Alger n'ayant eu besoin que de quinze ou vingt mille Turcs pour maintenir soumises les différentes tribus, il est patent que la conduite de nos gouvernants est essentiellement vicieuse, puisque, avec près de cent mille hommes, l'élite de nos troupes, nous sommes encore réduits à *batailler* presque tous les jours contre une poignée d'indigènes;

6° Que notre gouvernement serait vraiment inexcusable s'il persistait dans des errements qui ne lui ont donné jusqu'ici aucun des résultats que nous étions fondés à espérer pour compenser un peu les lourds sacrifices que nous nous sommes imposés depuis 1830.

PLUS DE NOUVELLES PRISONS.

En infligeant une punition à un de ses mem-
bres qui vient de forfaire à l'honneur, la
société n'entend pas exercer de vengeance,
mais elle se propose seulement de corriger
le malheureux qui s'est écarté de la ligne
tracée dans l'intérêt général.

Semblable à une bonne mère, elle doit être
heureuse de pouvoir oublier les fautes de
ses enfants sitôt qu'ils lui en témoignent
un repentir sincère.

Maintenant je vais hasarder quelques propositions sur un autre ordre d'idées. Elles surprendront peut-être, au premier abord, les lecteurs ; mais j'espère que la réflexion fera bientôt adopter ma manière de voir.

Comme il est généralement reconnu que les habitants de l'Algérie sont enclins au vol, serait-il bien déraisonnable, en prenant certaines précautions, d'y transporter tous les Français (des deux sexes) condamnés dans la métropole à plus de six mois de prison ? En les forçant à cultiver la terre pour y trouver le nécessaire, nous leur fournirions l'occasion de s'amender, car c'est presque toujours la misère qui leur fait commettre les actions qui les appellent de nouveau sur la sellette des tribunaux.

On ne serait pas fondé à nous opposer qu'il serait absurde de débarquer sur cette plage tous nos mauvais sujets, car tout le monde convient aujourd'hui qu'il est tout à fait contraire à la raison d'exposer un malheureux, souvent pour une peccadille, à devenir un scélérat, parce qu'on lui aurait fermé la voie qui pourrait lui permettre de gagner honorablement sa vie. Tous les jours nous voyons des individus ne retomber sous le coup de la justice que par la prévention de leurs concitoyens.

Il semble que tout condamné est atteint de la peste. La société le rejettera encore longtemps de son sein, et pourtant il faut qu'il subvienne à ses besoins. Comment voulez-vous qu'il le fasse s'il n'a pas la possibilité de travailler? Ce ne sont pas les conseils de la morale qui apaiseront les cris de son estomac. Vous aurez beau lui prêcher les avantages d'une vie probe, il trouvera bien que vous avez raison, mais il ne pourra conformer sa conduite à vos prescriptions, parce qu'il est, du matin au soir et du soir au matin, talonné par un ennemi (la faim) sur lequel les plus forts raisonnements n'ont aucune puissance. C'est en vain qu'il se débat pendant plusieurs jours pour échapper à ses pressantes suggestions. L'impitoyable vautour ne le quitte pas un instant jusqu'à qu'il ait encore fait succomber la victime de vos ridicules préjugés.

Ce même homme en sortant de prison, la première fois, était bien décidé à n'y remettre jamais les pieds. Plein de cette bonne résolution il a été de porte en porte demander en grâce qu'on lui fournisse l'occasion de dépenser toute son énergie pour un morceau de pain noir. Partout on l'a reçu avec le sourire du mépris, souvent même on ne l'a renvoyé qu'après l'avoir accablé de sarcasmes. Affaissé sous le poids de l'ignominie, il n'ose plus se présenter nulle part, et il se voit encore réduit à dérober ce qu'il n'eût voulu obtenir qu'à titre d'échange. Je suis convaincu qu'un ange, pourvu qu'il soit soumis aux mêmes besoins, et qu'il se trouve dans des situations aussi difficiles, ne pourrait s'empêcher de faiblir.

La société se plaint à tort de voir tant de libérés rechuter, parce que, en général, elle ne doit s'en prendre qu'à son injustice envers cette classe infortunée. Je dis injustice, car tout homme libéré a soldé sa dette. Il est vrai que c'est un ancien pécheur ; mais comme il a expié sa faute, vous n'avez plus rien à lui demander relativement à sa conduite antérieure. Il est entièrement purifié par la peine qu'il vient de subir, et la morale même vous oblige à lui tendre une main secourable pour lui donner la faculté de rester dans ses bonnes dispositions.

Mais, puisque jusqu'ici vous avez trouvé plus commode de crier contre ces malheureux que de leur être utile dans un moment où ils ne demandaient qu'à travailler pour vivre parmi les honnêtes gens, je crains fort que vous ne vous contentiez encore longtemps de vous répandre en plaintes stériles. Je vais donc vous indiquer un moyen de vous débarrasser de leur importunité, tout en leur ouvrant la route de l'indépendance et de la prospérité.

Confondus ou seulement en contact avec les Algériens, ils seraient les premiers à tirer parti de leur nouvelle position. Livrés à la culture d'une terre féconde, ils verraient leur sort assuré pour le présent et pour l'avenir. Ils s'occuperaient d'autant plus activement, qu'ils travailleraient pour eux-mêmes, et la métropole n'aurait jamais lieu de regretter ses avances. Bientôt même elle apprendrait avec la plus vive satisfaction que des enfants qu'elle avait crus en danger depuis longtemps étaient désormais à l'abri pour le reste de leurs jours.

Aux personnes qui prétendraient qu'en envoyant nos condamnés en Algérie nous empêcherions les honnêtes gens de s'y rendre, je demanderai si dans la mère patrie ils n'auraient pas le même inconvénient. En effet, le temps de la prison expiré, les libérés rentrent dans la société, et personne n'ayant le droit de les en chasser, il faut bien vivre avec eux. N'oubliez pas non plus que si les reproches que l'on adresse à la plupart des Arabes sont fondés, ils ne différeraient de leurs nouveaux compagnons que par la forme, car s'ils avaient été en France, ils auraient nécessairement encouru une condamnation. Par conséquent, la position des colons ne serait pas pire que celle des habitants de la métropole. Seulement, le nombre des pêcheurs étant proportionnément plus grand, le gouvernement serait tenu à exercer, surtout les premières années, une vigilance de tous les moments.

On ne prétendra pas sans doute que les libérés sont moins redoutables que les condamnés, car tout le monde convient que le séjour des prisons est très-fréquemment nuisible à la morale de celui qui y met les pieds. Nous avons tous les jours des exemples qui prouvent jusqu'à l'évidence que la plupart des individus qui entrent seulement pécheurs dans ces maisons, en sortent presque toujours scélérats. Notre assertion est si vraie, que le gouvernement lui-même cherche les moyens de prévenir des résultats aussi déplorables.

Avant d'expédier un condamné pour l'Afrique, je voudrais qu'il passât six mois dans une maison où le régime cellulaire serait en vigueur. Ce temps est bien assez long pour corriger celui qui est susceptible de s'amender. Si nous avions affaire à des galériens, nous emploierions le même moyen, mais pendant un temps d'autant plus prolongé, que la faute serait plus grande, ou qu'ils se seraient montrés plus récalcitrants pour reprendre le bon chemin. Je désirerais aussi qu'à leur débarquement ils fussent conduits dans une zone exclusivement réservée aux personnes condamnées à subir la même peine, zone dans laquelle on les retiendrait en proportion inverse de la régularité de leur conduite.

Ne venez pas me parler des dépenses nécessairement occasionnées par ces nouvelles mesures, car elles seraient cent fois moindres que celles qu'on veut vous proposer, soit pour la construction des maisons de détention destinées au régime cellulaire sur la surface de notre patrie, soit même pour le seul entretien des prisonniers. Ne perdez pas de vue que nos colons n'auraient besoin que des premières avances, et qu'ils ne tarderaient pas à vous payer par les conséquences matérielles et morales de cette manière d'agir un intérêt bientôt plus considérable que le capital.

Beaucoup de personnes me feront sans doute re-
marquer que ce mode de punition serait illusoire,
car les condamnés se trouveraient mieux qu'avant
d'avoir paru devant la justice. Mais il n'est pas d'argument plus fort pour démontrer la justesse de ce
que j'avance. En effet, quel but désirez-vous attein-
dre en demandant la condamnation d'un coupable?
Ce n'est pas de vous venger assurément. La société
veut purement et simplement qu'on la mette à couvert des actions qui lui portent préjudice, et si les
tribunaux prononcent une condamnation contre un
mauvais sujet, ce n'est pas par esprit de vengeance,
mais bien dans l'intention de le corriger, et de donner un exemple à ceux qui seraient tentés de l'imi-
ter. Or, ce double but est parfaitement atteint par
le mode dont je viens de parler, car les six mois
passés dans une cellule sont déjà un rude châtiment. La durée de l'incarcération étant proportion-
née à la gravité de la faute, la punition encourue
serait, dans tous les cas, calquée sur la même échelle.
En agissant ainsi, les condamnés sont punis, et nous
obtenons, en outre, le dernier résultat que nous
désirions si ardemment, leur retour dans les sentiers
de l'honneur et de la probité. Étant à même de se
procurer sur cette plage, par un travail assez facile,
toutes les aisances de la vie, il faudrait qu'ils fus-

sent frappés d'idiotisme, s'ils ne restaient pas honnêtes, afin de jouir paisiblement de leur nouvelle
position.

Ne croyez pas que cette modération rendrait plus
fréquents les délits ou les crimes. Tout homme tient
aux lieux qui l'ont vu naître, et les Français surtout
ont une répugnance presque invincible pour s'expa-
trier. Puis, le temps passé dans une cellule suffirait
pour retenir l'homme que la crainte d'encourir
condamnation détermine à ne porter aucune at-
teinte aux lois.

Quant aux autres, on ne les corrigera peut-être
jamais. Mais alors, direz-vous, pourquoi les envoyer
en Algérie? car les habitants de cette contrée se
passeront tout aussi bien que nous de leur présence.
Ma réponse sera facile pour tout condamné à temps:
puisqu'à l'expiration de sa peine, vous êtes obligés
de lui ouvrir les portes de sa prison, n'est-il pas
plus rationnel de l'envoyer dans un pays où il aurait
toutes facilités pour gagner honnêtement sa vie,
s'il en a réellement l'intention? S'il récidive, il en-
courrait une nouvelle peine, de même que tous
ceux qui se sont trouvés jusqu'ici dans le même cas.
Est-ce que l'emprisonnement dans une cellule, tout
le temps que durerait sa condamnation, le guéri-
rait de la démangeaison de faire le mal? Non, cer-

tainement. Pour vous en convaincre, je vous enver-
rai méditer avec attention les comptes rendus par
les commissions dans les pays où ce nouveau genre
de punition est pratiqué depuis plusieurs années.

Il reste encore à prévenir une objection qu'il ne
sera pas difficile de combattre. On pourrait ajouter :
les Algériens trouveraient mauvais que nous les
missions en contact avec des hommes qui auraient
subi une condamnation. Mais tout le monde, je l'ai
déjà laissé pressentir, présente les habitants de cette
contrée comme peu délicats en matière de pro-
priété ; ils ne seraient donc pas fondés à nous
adresser un pareil reproche ; car nous ne ferions
qu'augmenter le nombre de leurs semblables. A
Lacédémone, le vol était toléré quand il était fait
avec adresse. Les Spartiates n'ont néanmoins jamais
eu la réputation d'être moins bons citoyens que les
autres peuples de la Grèce.

Quand les condamnés ont réglé leur compte
avec la justice du pays, ne pourraient-ils pas tous
spontanément se rendre dans cette colonie ? Je crois
que personne n'aurait le droit de les en empêcher.
Eh bien ! leur temps d'épreuve écoulé, nous devan-
çons, dans leur intérêt et dans celui de la métropole, l'époque de leur libération. Nous ne faisons
que leur accorder un peu plus tôt ce qu'ils auraient

la latitude de faire après un emprisonnement plus ou moins long.

Je dis dans leur intérêt, parce que nous leur ouvrons ainsi une voie facile pour revenir dans les conditions ordinaires de la vie, et ne plus quitter les sentiers de l'honneur. Ils devraient tous les jours bénir leurs compatriotes pour leur généreuse sollicitude, et, à moins qu'ils ne fussent les plus abrutis des êtres, ils ne nous donneraient jamais lieu de nous repentir de notre philanthropie.

Voyez aussi les avantages que la France retirerait de leur présence sur le sol Africain ! Sa nouvelle possession est presque aussi vaste, *d'après le duc d'Isly*, que notre royaume, et, pour cultiver cette immensité, il n'y a pas cinq millions d'habitants ! Les bras que nous y déposerions appartiennent, en général, à des hommes endurcis aux travaux, et comme ils auraient tout intérêt à déployer leurs forces, puisque les bénéfices seraient proportionnés à leurs peines, nous ne tarderions pas à voir une belle culture là où l'œil ne découvre que des terres en friche.

Ensuite, ces mêmes hommes, frappés de la fertilité de leurs champs, seraient désespérés de travailler pour des collatéraux. Eprouvant aussi le besoin des doux épanchements dans le sein d'une personne qui serait aussi intéressée qu'eux-mêmes à la prospérité de leur établissement, ils se marieraient. La bonne harmonie de leur ménage contrastant avec les tourments de leur vie passée serait pour eux un exemple vivant des avantages attachés à une bonne conduite.

Pleins de ces idées, ils redoubleraient de soins pour inculquer à leurs jeunes descendants les notions les plus saines, et avant cinquante années l'Algérie renfermerait, proportionnellement, autant d'honnêtes gens que la métropole.

Je ne parlerai pas des grandes économies que l'accomplissement de ces mesures vous mettrait à même d'opérer. Elles sont trop palpables pour que je m'y arrête. Vous n'en retireriez que l'augmentation du nombre des habitants, et une culture plus étendue d'une terre comme celle de la conquête de Bourmont, que vous seriez déjà amplement dédommagés de vos premiers sacrifices. Dans toutes les circonstances, vous auriez meilleure raison des Français que des Arabes. Ces derniers auront sans cesse leur nationalité à regretter, tandis que leurs compagnons seraient fiers de se trouver en rapport avec leurs frères.

Je ne pense pas qu'il soit passé par la tête de personne de leur interdire l'entrée de l'Algérie, car ils pourraient justement reprocher à l'État de les forcer à commettre de nouveaux délits ou de nouveaux crimes. En effet, dans leur pays natal, ils sont poursuivis par des préventions bien injustes, à la vérité, mais qui néanmoins les mettent fréquemment dans l'impossibilité de trouver un travail suffisant pour se procurer les choses les plus indispensables à l'existence.

Dans notre nouvelle colonie, ils ne seraient pas exposés à de pareils désagréments, puisqu'il leur serait si facile de s'occuper continuellement. Les préventions ou les reproches ne seraient même plus possibles, parce que la plupart des habitants de la même contrée se trouveraient à l'unisson sous ce rapport.

On n'oubliera pas encore de me dire que plusieurs condamnés sont soumis, après leur sortie de prison, à la surveillance de la police pendant plus ou moins de temps. Cette précaution est peut-être une des causes qui provoquent le plus les rechutes, car elle rend les libérés trop esclaves, sans les corriger plus que l'emprisonnement, et partant empêche qu'on les emploie dans les conjonctures ordinaires. Celui qui est susceptible de reconnaître ses erreurs n'a pas besoin d'être assujetti à tant de tracasseries pour rentrer dans la voie qu'il regrette amèrement d'avoir quittée. Je pense encore qu'on devrait mo-

difier notre législation à cet égard, et n'infliger la
peine de la surveillance que dans des cas exceptionnels. En admettant que celle-ci soit indispensable,
je vous demanderai s'il ne serait pas possible de
l'exercer en Algérie comme en France? Comme
vous ne pourriez raisonnablement soutenir la négative, je conclurai que cette objection n'a pas plus
de valeur que les précédentes.

Persuadé que, pour mettre mes idées en pratique,
il suffirait de le vouloir sérieusement, je me contenterai de ce simple énoncé, en abandonnant leur
développement aux hommes d'Etat que leur position charge particulièrement des intérêts généraux
de la France.